Los peregrinos de Santiago

M. D. Miguel, P. Rodríguez, A. Sobrino y V. Vázquez
Ilustraciones de Felipe Giménez de la Rosa

Nota de los autores antes de leer este cuento:

La historia que vais a leer pudo tener lugar a finales de la primavera del año 1185. En aquellas fechas, estamos seguros, personajes como los que veréis hacían el viaje a Santiago poniendo alma y vida en el difícil camino. Nosotros inventamos unos peregrinos concretos que hacen lo que pudieron haber hecho sus compañeros de la Edad Media. Cómo ellos viajan y aprenden qué es el mundo, pues en aquella época era el único modo de conocer gentes y paisajes diferentes. Quisiéramos que nuestra historia os incitara a dos viajes que juzgamos importantes: el viaje al pasado, que tantas cosas interesantes tiene que enseñarnos a todos, y el viaje por los caminos de hoy, en el que, a lo mejor, aprendéis tanto como Arnau, el protagonista de esta historia.

NOTA: Algunas palabras destacadas y otras alusivas al tema aparecen en un vocabulario al final del libro.

ISBN: 84-216-1649-8
Depósito legal: M-39528-1991
Impreso en España - Printed in Spain.
Impresión: MELSA.
Fotocomposición y fotomecánica: SISTEGRAF.

1

AUNQUE el día había sido luminoso, al atardecer comenzaron a sentir frío cuando, parados los caballos, hicieron un alto al lado de unas *hayas**.

El abad sonrió.

—Creo que estamos perdidos.

El niño sintió un escalofrío y no dijo nada. Arnau, aunque era valiente, había escuchado muchas historias de lobos y aparecidos, y no le agradaba tener que pasar la noche al raso.

Don Guerín, el abad, quedó en silencio, como si estuviera haciendo un gran esfuerzo de concentración.

—¿No escuchas campanadas?

Sí. Arnau escuchaba campanadas, lejanas, amortiguadas por el *hayedo**.

Don Guerín comenzó a caminar hacia la parte izquierda de los árboles, atraído por el sonido que, después de cesar un rato, volvió con más fuerza.

A unos 500 metros vieron una ermita. Descabalgaron, y al sentir el repique cerca, Arnau experimentó una sensación tal de tranquilidad que casi se le olvidó su cuerpo maltratado por la larga jornada.

En la ermita, un fraile esquelético tocaba las campanas. Don Guerín se dirigió a él preguntándole si habría posibilidad de pasar la noche bajo cubierto. El fraile,

por única respuesta, movió la cabeza afirmativamente, al tiempo que le señalaba un edificio anexo, de cuya chimenea salía humo.

«Laus Deo» fue lo que don Guerín dijo al entrar en la casa, después de llevar los caballos a cubierto, y el eco repitió las palabras desde el techo de la enorme habitación, mezcla de comedor y dormitorio, en la que una docena de peregrinos, fáciles de conocer por su atavío, comían y bebían.

Un fraile viejo, levantándose de la mesa, se acercó a los recién llegados.

—Sed bienvenidos, hermanos. Llegáis a tiempo de comer lo que Dios tuvo a bien concedernos...

Los viajeros comenzaron a liberarse de las pesadas capas, dejaron en el suelo sus equipajes, y se acercaron a la mesa.

En un extremo de la sala empezó a escucharse la voz de un lector que leía la descripción de un viaje al sepulcro de Santiago. Don Guerín y Arnau pronto conocieron la procedencia de aquellas palabras, pues eran las mismas que hace tiempo habían leído en el monasterio de San Martín, antes de comenzar la peregrinación.

Acabada la escasa cena, en la que no hablaron palabra, pasaron a rezar a la capilla. Arnau contestó, medio dormido, a las oraciones de don Guerín, y ni siquiera pudo fijarse en los capiteles llenos de diablos cornudos y de hombres medrosos.

Cuando volvieron al dormitorio común, el muchacho, muerto de sueño, no entendía nada de lo que don Guerín contaba a un peregrino francés. Durmió pronto y soñó con su casa del *Poitou** y con su madre; en el sueño todo olía a romero.

Mientras, don Guerín contaba cómo él, abad del monasterio cluniaciense de San Martín del Poitou, y su sobrino de doce años Arnau habían partido para hacer el viaje. Contó también cómo educaba al muchacho; éste ya leía bien latín y hablaba castellano, como su madre, doña Elvira, y *occitano** y francés, como su padre, Rimbaud, que quería que Arnau llegara a ser un *caballero** cabal: valiente, sabio y santo... Y siguió la conversación hasta que los leños de la chimenea se fueron apagando.

Don Guerín durmió sin sobresaltos, como se hace cuando el cuerpo está muy cansado y la conciencia tranquila.

Al día siguiente se levantaron para la misa del alba, y Arnau pudo fijarse en la imagen de un Santiago, en hábito de peregrino, que le recordó mucho a su padre cuando se enfadaba.

La mañana era clara y hermosa; cuando salieron en dirección a Roncesvalles un halcón bajó como una flecha para cazar un conejo. Arnau torció la cabeza para no mirar la hierba ensangrentada.

Don Guerín cabalgaba de muy buen humor, y contaba a Arnau las hazañas de Carlomagno que, según él decía, hizo posible que el camino a Santiago pudiera ser recorrido por los cristianos. El muchacho escuchaba embobado los trabajos hechos para que los moros dejaran pasar a los peregrinos a cumplir su promesa.

También se habló de *Roldán** y de los *Pares**. A Arnau le impresionaba mucho pasar por los mismos sitios que habían visto la derrota de los paladines y habían escuchado el fuerte sonido del *olifante** de Roldán. Tenía la cabeza llena de hazañas cuando llegaron a Roncesvalles.

El amplio hospital de Roncesvalles estaba lleno a rebosar de peregrinos. Unos escaldaban la ropa después de tomar un baño caliente, otros eran afeitados a navaja, otros hacían reparar sus zapatos... La comida fue servida por una niña rubia y bien peinada que no supo contestar a las preguntas que le hizo don Guerín en francés y castellano, solamente sonreía.

Después de la comida, mientras don Guerín hablaba con los compañeros de mesa, Arnau salió a dar una vuelta.

Rodeó el hospital, y se encontró con la niña rubia que estaba tendiendo ropa. Arnau la miró, y ella volvió a sonreír.

—¡Amagoya! —llamaron desde dentro del edificio, y la niña le cogió de la mano y le llevó con ella.

Entraron en la cocina, donde una mujer gruesa estaba haciendo cuajada, dejando caer dentro de un pote piedras que calentaba fuertemente en el hogar.

La mujer dejó su tarea, miró a Arnau, y comenzó a hablarle en francés.

—Yo me llamo Idoya y ésta es mi hija, que todavía no puede hablar bien contigo porque sólo habla éuscaro, lleva tres meses ayudándome en la cocina y quiero que sea mi sucesora en el hospital.

Arnau no comprendía cómo Amagoya podía ser hija de aquella mujer, y se quedó maravillado observando el pelo rubio de la niña, brillante como la seda que su madre, doña Elvira, utilizaba para bordar.

—¿Quieres ver dónde Roldán rompió la roca con su espada? —dijo la mujer.

Arnau asintió, y acompañado de Amagoya se dirigió a la capilla de Sancti Spiritus.

—Moros, matar Roldán —dijo Arnau, gesticulando.

—Moros ez, euskaldunak *(Moros no, vascos)*.

A la vuelta al hospital, la madre de Amagoya tradujo a Arnau lo dicho por su hija, y le contó la historia tal como se conocía en Roncesvalles: cómo los vascos

habían derrotado, defendiendo su tierra, a los ejércitos de Carlomagno. Arnau no cenó, y cuando su tío le preguntó por qué estaba tan callado y sin hambre, le contestó con otra pregunta:

—¿Son verdad las historias hermosas?

Don Guerín no supo qué decir.

La noche fue fresca, y Arnau, cerca del hogar, quedó dormido pensando en la sonrisa de Amagoya.

Las jornadas siguientes no tuvieron para Arnau una significación especial, ni siquiera atendió a la explicación de su tío que, al llegar a Linzoaín, le mostró la piedra que, según se dice, es la medida de los pasos de Roldán.

En la entrada del puente de Zubiri se pararon a descansar delante de un hospital. Descabalgaron y entraron en el recinto, olía a la madera que ardía en el hogar. Al fondo, un hombre, con la cabeza cubierta por una capucha, comenzó a mover

los brazos y a gritar en su idioma, en el que Arnau creyó entender la palabra «ez» repetida. La protesta era tan evidente que tío y sobrino salieron rápido.

—Parece que no somos bien recibidos —dijo don Guerín.

Y no habían hecho más que subir a los caballos, cuando oyeron el sonido de una campanita y el hombre de la capucha salió a la entrada del hospital.

—Ves, es un leproso, por eso no quería que nos acercáramos. Teme contagiarnos.

Arnau creyó entrever una cara sin nariz, que los miraba fijamente entre las sombras. Don Guerín descabalgó y dejó en el suelo, encima de una piedra, pan y queso que había comprado en Roncesvalles.

Pasando Larrasoaña, el tío le habló a Arnau de la lepra y de cómo los que la padecen deben alejarse de los caminos y avisar a los demás de su presencia.

Llegaron a las puertas de Pamplona cuando fueron sorprendidos por una gran cantidad de mulos que unos hombres llevaban a beber a un arroyo; los había de todas las tallas y hechuras. «Moro», el caballo de Arnau, nervioso ante la súbita y ruidosa aparición, estuvo a punto de tirar al suelo a su caballero.

Don Guerín dijo:

—Ahí tienes, Arnau, el animal imprescindible para seguir el camino desde Burgos, pues es el único que tiene capacidad y resistencia para hacer lo más duro del viaje.

A Arnau no le gustó la idea de tener que dejar a «Moro» en manos extrañas, y acarició la bella cabeza del animal.

Pamplona era la capital de los vascos, y allí la gente hablaba éuscaro; la lengua ya le iba sonando a Arnau como algo familiar, y, en las voces de las niñas, o «neskas» —que así sabía que se decía en aquel idioma—, creía volver a escuchar a Amagoya. Entonces, como sucedía en este momento, su tío tenía que repetirle varias veces las cosas, porque Arnau parecía no estar en la tierra.

—Eh, despierta, vamos hacia la catedral. ¿No escuchas la música?

Y verdaderamente era impresionante escuchar los coros, en la misa mayor, mezclando sus cantos con el sonido del *arpa**, las *cítaras** y los *salterios**.

A la puerta de la catedral daban la comida a doce peregrinos, sucios y cansados. Bebían el caldo en una escudilla que después era llenada de carne.

Pasaron el día entero en Pamplona, y, al caer la tarde, cuando se dirigían hacia el hospital de San Miguel, vieron cómo era echado un peregrino gascón* que había querido pasar más de tres días en aquel refugio.

—No tenéis caridad —gritaba.

—Hermano, ya cumpliste tu tiempo, te hicimos tres marcas en el bordón, ahora debes dejar el sitio a otro.

Lanzando maldiciones por lo bajo marchó hacia el pórtico de la catedral.

A Arnau le costó mucho levantarse al día siguiente, y cuando montó en «Moro» se dejó llevar dócilmente, contestando a su tío por monosílabos. Así siguió el camino hasta que don Guerín, viendo el cansancio del muchacho, decidió hacer un alto. Le hizo señas a Arnau para que parara delante de unos chopos.

Descabalgaron, y cuando el abad comenzaba a extender una manta para que el mozo descansara escucharon una música conocida que cantaba la llegada del mes de mayo y el despertar de los amores.

Don Guerín miró, curioso, y descubrió un poco separada de los árboles, que se-

guían un arroyo, una tienda de colores brillantes de la que salía la música. Después de hacer acostarse al muchacho, se encaminó hacia la extraña construcción.

La puerta estaba abierta y había dos hombres sentados, como haciendo guardia, en el umbral. El más viejo iba vestido como hombre de armas, llevaba *loriga** y jugaba distraídamente con un cuchillo; el más joven, de gran parecido con el viejo, se adelantó a don Guerín.

—No pude resistir el deseo de acercarme a la tienda al escuchar la música que suena, pues, como ella, también yo soy del Poitou.

Antes de que el mozo tuviera tiempo de contestar, y el soldado se levantara, paró la música, y una voz de mujer rogó a don Guerín que entrara en la tienda.

En el interior había tres personas. Una dama de edad, sentada en una lujosa silla con incrustaciones de marfil, vestida con un largo *brial**, y con la cabeza cubierta con una *toca**, que enmarcaba su cara dulce y expresiva. Delante de ella había un *bastidor** cuadrado en el que bordaba.

La joven que se sentaba a sus pies, supuso don Guerín, era la doncella al servicio de la dama, pues no llevaba cubiertos los cabellos, cuidadosamente peinados al medio y recogidos en trenzas, e iba sin manto.

Hacía sonar música un hombre joven, tocado con un sombrero de fieltro, que, al entrar don Guerín, miró curioso, mientras afinaba su *mandora**.

Hechas las presentaciones, el abad se enteró de que aquella dama, llamada doña Berta, era una señora viuda del Poitou que hacía la peregrinación con su gente: dos hombres de armas, padre e hijo, para no tener encuentros desagradables, su criada y un trovador joven capaz no sólo de cantar canciones propias, sino también las más hermosas de Provenza.

A don Guerín le pareció muy bien la propuesta de la señora de hacer el viaje juntos, y cuando volvió a los chopos, Arnau, ya despierto, se sintió muy interesado por la presencia de los nuevos amigos.

Una vez hecha su presentación a los viajeros, recogieron la tienda y se pusieron en marcha. Arnau cabalgó al lado del *escudero** hijo, llamado Bernat, como su padre, que le habló de las *Cruzadas** que aquél había vivido en Tierra Santa.

Cuando llegaron a Ponte de Arga, Arnau, interesadísimo por lo que escuchaba, no dejaba de preguntar a Bernat, que casi no tenía tiempo de responderle. Volvió a la realidad al salpicarlo su caballo en la Rúa Maior, atravesada por un canalito que limpiaba todas las suciedades que los peregrinos dejaban a su paso.

La llegada a Estella fue saludada por el buen humor de don Guerín y el cansancio de doña Berta, que ya llevaba tiempo sin contestar a las preguntas del abad. Bernat y Arnau seguían con sus conversaciones y no se dieron cuenta de la llegada a la ciudad hasta encontrarse delante de sus puertas.

En el barrio de la Rúa pararon a descansar y reparar fuerzas. Después de comer bien y beber mejor, mientras doña Berta recordaba, en la conversación, a su marido muerto, Arnau y Bernat salieron de la posada a recorrer el lugar.

Entraron en el barrio judío, y Arnau curioseó un buen rato por las tiendas que vendían telas de muy diferentes procedencias y calidades. Había paños de Cambrai, Gante, Ruán y Oriente. Las orfebrerías mostraban su mercancía que brillaba al sol de la tarde.

De repente les hizo volver la cabeza el piar de un ave; detrás de ellos un niño, vestido con una larga capa gris, daba granos de trigo a una perdiz que tenía en una

jaula de cañas. El judío le hablaba bajito mientras el animal picaba en sus dedos, arrancándole el grano.

Los peregrinos miraron curiosos el ave, y Arnau dijo:

—¡Qué hermosa perdiz! ¿Dónde la encontraste?

El niño contestó sonriendo:

—Lejos, muy lejos, en tierras de moros. ¿Quieres darle tú de comer?

Arnau aceptó y la perdiz, al principio, estaba asustada y no comía. Después, cuando aprendió a no mover mucho la mano, volvió a hacerlo.

Los tres se reían y pronto comenzaron a hablar. Primero lo hicieron los peregrinos, contaron su historia y el motivo del viaje. José, el judío, dijo que él y su familia habían huido de Al-Andalus, pues los *almorávides**, moros intransigentes y fanáticos, no les permitían vivir conforme a sus creencias.

Siguieron hablando un rato y José insistió en que le acompañaran a su casa para ver trabajar a su padre, que era orfebre.

En la entrada de la casa, empedrada con cantos rodados, vieron a Sara, la madre de José, que les ofreció pan de trigo con mosto de uva cocido. Era una mujer alta y sonriente, que, después que comieron, los llevó al taller en el que Samuel trabajaba sus cuidadosísimas alhajas.

—Así que vais de camino hacia Santiago —dijo pensativo—, os deseo que el viaje os haga mejores. Nosotros también viajamos, y al llegar aquí supimos que valió la pena porque estamos viviendo a nuestro modo.

A Arnau le impresionó la calma de Samuel, y cuando se despidieron de la familia, despues de recoger el saludo de los judíos para un hermano suyo que era *físico** y residía en León, le comentó a Bernat, no sin cierta admiración:

—Son como nosotros.

Bernat asintió, y no hablaron nada hasta llegar al mesón en el que los demás estaban esperándoles.

Pasaron la noche en el hospital de peregrinos de Irache. Después de rezar todos delante de la imagen de la Virgen, cubierta de plata, el trovador Jaufré, sentado en un poyo de la puerta del hospital, cantó canciones de Provenza.

Arnau escuchaba hechizado y le quedó grabado un verso que parecía hecho para él:

«E quan mi suy partitz de lay	*(Y cuando me he ido de allí*
remembran'm d'un amor de lonh»	*me acuerdo de un amor lejano)*

2

EL camino fue alegre y rápido, pronto se encontraron en la calle Mayor de los Arcos, allí comieron en casa de un tal Benito de Mendaza. Todos disfrutaron, hasta doña Berta, tan remilgada normalmente, de un buenísimo cordero asado.

Y siguió la marcha sin grandes novedades: larguísimas parrafadas entre Arnau y Bernat, historias heroicas de don Guerín, canciones de Jaufré... Fueron pasando por minúsculos pueblos, que se adivinaban entre el mar de trigo verde, y siguiendo el consejo del abad se acercaron a Clavijo, donde los cristianos, al mando de Ramiro, vencieron a los moros de Abderramán.

Don Guerín les describió cómo Santiago, montado en su caballo blanco, ayudó a los cristianos, y cómo, a partir de esa fecha, se implantó el *Voto al Apóstol**.

Otras veces las historias llevaban a Arnau al mundo heroico, visto ahora con cierto escepticismo. Don Guerín, pasando por Poyo Roldán, contó la lucha que se entabló entre Ferragut, gigante sirio, y el paladín Roldán. El francés, tomando una piedra de dos arrobas, la tiró a la cabeza de Ferragut. Después liberó a todos los presos que el sirio tenía en sus mazmorras.

Quizá la parada más larga la hicieron en Nájera, donde entraron por el puente rehecho por un hombre bueno llamado Juan de Ortega. El pueblo tenía un monasterio, el de Santa María, y un albergue en el que se trataba muy bien a los peregrinos.

Nada más llegar a Nájera buscaron a unos francos para los que don Guerín llevaba saludos del padre de Arnau. Vivían en una hermosa casa, pues, como comerciantes de paños, tenían un elevado nivel de vida. Recibieron a los peregrinos con grandes muestras de alegría, y todo se les iba en preguntar por su tierra de procedencia y por los parientes.

Después de hablar largo tiempo y de recibir cumplidas explicaciones a sus preguntas por parte del abad —y en esto don Guerín era un gran especialista, pensaba, aburrido, Arnau— comenzaron a contar cómo se vivía en Nájera.

—Felizmente, aquí no tenemos problemas de ningún tipo. No fue así en Pamplona que, como sabéis, fue nuestra anterior residencia. Allí había frecuentes luchas. No éramos queridos por los pamploneses y tuvimos que venir a Nájera, donde nos protege el fuero del rey para vivir en paz.

La cena fue sustanciosa, más que cena parecía una comida: hubo carne de gallina en diferentes adobos, verduras y pasteles, comprados a moros que habían venido el día anterior al mercado.

Al final de la velada, Jaufré, con sus canciones, hizo que los vendedores de paños sintieran qué lejos se encontraban de su tierra.

Desde Nájera a Redecilla el abad contó a los peregrinos cómo otro hombre bueno, maestro de Juan de Ortega, había dedicado su vida a la seguridad del camino: arreglándolo, librándolo de maleza y construyendo el puente sobre el río Oja. Este hombre santo tenía por nombre Domingo y había nacido en un pueblo llamado Viloria. Al pasar por el río, los peregrinos, dirigidos por don Guerín, rezaron por el alma del constructor.

Después de haber pasado el río Oja, los viajeros intentaron seguir su camino, pero a media hora de marcha ya estaban cansados, y al llegar al río Relachico acamparon en su ribera.

Montada la tienda de doña Berta hicieron una comida frugal que sirvió María, la doncella.

Cerca de ellos descansaba un campesino que venía de regar una de las huertas próximas al río.

Don Guerín le preguntó de quién eran aquellas tierras y el hombre le respondió que pertenecían al monasterio de Silos, y que él, y otros como él, llevaban toda la vida trabajándolas.

—Y así lo harán mis hijos, si Dios lo quiere.

Y comenzó a contar su vida, medida por siembras, malas cosechas, razzias e inviernos. Parecía que, en vez de un hombre, era la tierra la que hablaba.

Arnau pensó que, como los hijos del campesino, él también tenía su vida fijada. Sería caballero, como su padre. Así tenía que ser. Y sin dejar de pensar en la triste vida de aquel hombre se acercó lentamente a la tienda de doña Berta, donde se escuchaban las canciones de Jaufré.

Puestos en camino llegaron hasta Villafranca. En el Hospital de Santiago pernoctaron antes de comenzar la subida a los montes de Oca, que daban paso a Castilla.

El ascenso a los montes se hizo con calma una mañana despejada y cálida. Comenzada la subida, doña Berta iba tan congestionada que al llegar a la fuente de Remojapán tuvieron que hacer un pequeño descanso.

Poco a poco los árboles, pinos y abetos se iban haciendo más abundantes. Los Bernat, padre e hijo, no dejaban de mirar a izquierda y derecha, temiendo que en un sitio tan aislado aparecieran ladrones.

Pasado un arroyo, el Peroja, hicieron otra parada. Las mujeres mojaban sus pañuelos para refrescarse, mientras los hombres, que habían dejado los caballos pastando a la orilla del agua, hablaban. De repente vieron cómo el caballo de Arnau, «Moro», desaparecía montado por un hombre vestido con piel de cordero. De nada sirvió que montaran sus cabalgaduras y lo persiguieran. Desapareció como tragado por la tierra.

Arnau no lo podía creer y casi llegó a llorar pensando qué iba a hacer sin su compañero.

El camino prosiguió y el muchacho cabalgó, unas veces montado con el padre y otras con el hijo, hasta que llegaron a Burgos.

Los peregrinos penetraron por la Puerta de San Juan y quedaron impresionados por la construcción de la ciudad, la animación de las calles y la cantidad de tiendas y hospederías. Se oía hablar en muchas lenguas, y el mal olor que despedía el suelo, lleno de inmundicias, hizo que doña Berta tapara su nariz con un paño perfumado.

Lo primero que hicieron fue cambiar moneda, pues la entrada a Castilla así lo requería. Don Guerín tuvo mucho cuidado de que el cambio fuera justo, y contó y recontó las monedas castellanas.

Los peregrinos se dirigieron después a un convento de Cluny, donde iban a pernoctar el tío y el sobrino. Los frailes informaron a doña Berta y a su gente de la dirección de una posada adecuada.

De camino al albergue, todos callados, parecían sentir la falta del abad y el niño. Ya acomodados, después de que doña Berta se hiciera peinar por María, las mujeres y Bernat hijo salieron hacia una iglesia cercana.

Estaban ya en el atrio del templo cuando se les acercó un hombre que, en lengua occitana, les ofreció confesión. Doña Berta dudó y cuando pensaba aceptar y entrar en la iglesia, el hombre añadió que para recibir el sacramento de un modo más piadoso era necesario dar una limosna a nuestra Señora, que él haría llegar para ser aplicada a su culto.

La dama recordó los consejos que le había dado don Guerín de evitar a los ladrones que, con la disculpa de la religión, sacaban dinero a los peregrinos. Bernat, pendiente del gesto de doña Berta, miró hostilmente al hombre, y éste, sin decir nada, volvió sobre sus pasos.

—Esta vez no tuvo suerte —rió la dama.

Mientras esto sucedía, en el convento Arnau escuchaba de un fraile joven las hazañas del Cid. Aunque, interesado, no pudo por menos que murmurar:

—También tenéis vosotros un Roldán...

El muchacho se quedó dormido escuchando las campanadas de las iglesias, que parecían estar hablando entre sí.

Al día siguiente, una vez dejados los caballos en el establo del convento, los caballeros, todos en mulas, salieron de Burgos por la puerta de San Martín.

El día estaba nublado y, poco a poco, fue pasando a una lluvia mansa que caló a los viajeros, a pesar de las fuertes capas que llevaban. El paisaje era unas veces imponente y árido, sólo esqueletos de árboles y algún ciprés al lado de los pueblos, y otras, verde y fértil en las vegas y valles.

No se escuchaba nada más que los cascos de las mulas golpeando sobre las piedras del camino. No hablaba ni don Guerín, pálido y abstraído.

Llegando a Castrojeriz, pasaron por el convento de San Antón, donde se daba socorro a los enfermos de la gangrena, llamada «fuego de San Antón». Don Guerín les enseñó las *lucernas** en las que los frailes, a la caída de la tarde, dejaban ali-

mentos para los peregrinos que llegaban cuando las puertas del convento estaban cerradas.

Castrojeriz, como tantas poblaciones de la ruta, se constituía a lo largo de una calle, en la que se mezclaban las tiendas y los albergues. Parecía que el tiempo había limpiado de peregrinos el pueblo, no se veía un alma.

La iglesia de San Martín de Frómista hizo que los peregrinos, que habían entrado en el pueblo por la calle Francesa, quedaran admirados de su perfección. Mientras comían en una posada, don Guerín y los demás, encantados de poder secar sus ropas —el comedor estaba calentado con las *glorias*—, comentaron la belleza de la iglesia. Cada uno hacía el elogio de aquello que más le había gustado. Arnau opinó con seguridad:

—A mí lo que más me gustó fueron los gallos de las torres.

Quedó muy sorprendido cuando los demás se echaron a reír.

Carrión les pareció a los peregrinos una ciudad floreciente y rica. Entrando por la muralla llegaron a la iglesia de Santa María, y siguiendo la calle pronto dieron con la iglesia de Santiago, que visitaron con detenimiento.

Don Guerín le mostró al muchacho la portada que, como un libro, enseñaba muchas historias. Había músicos tocando, una bailarina, dos hombres peleando, un judío sacando el dinero del arca... Arnau no podía identificar a aquel hombre, de gorro

cónico, con el padre de José, que tan amable y hospitalario había sido con él en Estella.

Lo que más le llamó la atención fue, sin duda, el hermoso Cristo que bendecía desde lo alto. Entre los pliegues del manto se veía una primorosa túnica.

—Ves, Arnau, parece que el escultor sabía bordar la piedra —dijo don Guerín.

Después de comer visitaron San Zoilo, el monasterio construido por los condes Gómez Díaz y Teresa. El abad contó cómo un hijo de los condes fue a luchar a tierra de moros, para ayudar a un bando en sus luchas civiles, y en vez de oro prefirió como pago a sus servicios el cuerpo de San Zoilo. El tiempo que pasaron los viajeros en el monasterio se prolongó mucho, pues don Guerín quiso hablar con sus hermanos cluniacienses detenidamente.

Pasada la noche, después de la misa del alba, estaban todos dispuestos a emprender el camino hacia Sahagún. El abad no podía ocultar su excitación, dado que iban a llegar a uno de los lugares fundamentales de su Orden en Castilla.

Don Guerín no hizo más que hablar de la importancia de Cluny y cómo se había convertido en la base de Sahagún:

—Gracias a las riquezas de la Orden, los peregrinos son atendidos como merece su santo viaje.

Lo primero que llamó la atención de los viajeros fue escuchar hablar francés por todas las calles. Parecía que la población franca era aquí mucho más importante que en otros lugares del Camino.

—¿Estaremos en Castilla? —preguntó, sonriendo, doña Berta.

—Por la cantidad de francos, parece que sí —le respondió don Guerín.

El monasterio era verdaderamente impresionante, mostrando claramente la importancia económica de la Orden. El abad, emocionado, destacaba todos los detalles de la enorme construcción.

Fue especialmente entrañable el encuentro de don Guerín con el abad de Sahagún, antiguo amigo suyo, que después de abrazarle y saludar al resto de los viajeros les invitó a pasar a la iglesia. Delante de un Cristo imponente dieron gracias por haber llegado.

A continuación comieron con la comunidad, sentándose los peregrinos en el lugar de honor. El lector, mientras tanto, leía la vida de los mártires Facundo y Primitivo, muertos en Sahagún bajo el gobierno de Diocleciano.

Hecha la comida pasaron al claustro, amplio y luminoso; el silencio era roto por el murmullo de una fuente. Los dos abades, separados de los demás, comenzaron a hablar de sus recuerdos y de sus vidas.

—Aunque este monasterio te parezca rico y respetado, no creas que no tenemos problemas. Hace pocos años tuvimos que enfrentarnos al levantamiento de la gente del pueblo contra nosotros. Y hoy, que todo parece tranquilo, simplemente está dormido... No admiten el fuero que les impusimos.

La conversación siguió durante un tiempo, y el resto de los viajeros se olvidaron de los abades hasta que don Guerín les avisó de que ya era hora de partir.

Para Arnau las horas no pasaban, pues había estado muy entretenido contemplando las evoluciones que hacía una pareja de cigüeñas, que había anidado en una de las torres de la iglesia.

A la salida de Sahagún, don Guerín, en las riberas del río Cea, volvió a hablar de Carlomagno y les mostró los árboles procedentes de las lanzas de los ejércitos del emperador.

—Aquellos soldados que iban a morir, en la lucha con los moros, encontraron su lanza florecida, y, cortada ésta a ras del suelo, salieron los árboles que véis...

El mismo viento suave que movía las lanzas florecidas acompañó a los viajeros toda la tarde. El camino fue silencioso y sin detalles dignos de mencionar.

La entrada en Mansilla fue por la puerta Sur. Los peregrinos, después de buscar posada, cenaron con apetito truchas del río Esla.

Doña Berta apenas probó bocado y cuando los demás terminaron de cenar le dijo a la doncella que le ayudara a acostarse. Al poco tiempo se encontró mal, congestionada y nerviosa, y no durmió en toda la noche.

El viaje hasta León se organizó con mucho cuidado por el estado de doña Berta. Paraban a cada momento y montaron por dos veces la tienda para que la señora descansara.

Arnau no dejaba de ver rebaños de ovejas paciendo la hierba rala; los pastores saludaban, a veces, a los peregrinos, moviendo la mano. A pesar del lento camino, llegaron con luz a León.

Para los viajeros la ciudad ofrecía una panorámica admirable; las murallas doradas por el sol juntaban, en sus puertas, a gran cantidad de gente. En la puerta Cauriense un grupo de soldados les pidió los salvoconductos que hacían referencia a su condición de peregrinos. Cuando les fueron devueltos preguntaron por el barrio donde vivía el físico judío, tío de José, el niño de Estella.

Después de escuchar las señas dadas, el oficial les dirigió a casa del médico. La calle, cerca de una iglesia, cobijaba en sus soportales de madera todo tipo de tiendas en las que se vendían las más diversas mercaderías.

Ismael, el físico, escuchó con calma los síntomas que doña Berta, con voz débil, le iba contando.

—Y además, siento una opresión aquí... —decía, tocándose la espalda.

Ismael le explicó que su mal tenía fácil remedio y que podría ser curado simplemente con una *sangría**. Hecha ésta, la dama dijo que ya se encontraba mucho mejor, y agradeciendo al médico su remedio marchó hacia una posada cercana.

Don Guerín y Arnau se quedaron más tiempo; el niño le contó a Ismael cómo estaba su familia en Estella, trabajando y viviendo en paz.

Ismael dijo que su vida transcurría también sin problemas. Los enfermos no faltaban y el trato era considerado.

—Quisiera morir como un leonés, ya anduve mucho.

Deseándole larga vida y que se cumplieran sus deseos, tío y sobrino se despidieron del médico.

La noche fue reparadora para la enferma y los demás viajeros. Doña Berta se despertó con hambre y muy dispuesta a salir a la calle a ver León.

El paseo por las calles —Zapaterías, Azabacherías, Serradores, Panaderos— hizo ver a los peregrinos cómo se desenvolvía la vida de una ciudad rica y trabajadora. Todos hablaban a gritos, mezclándose las voces con el piar de las golondrinas que, inquietas, parecían también estar trabajando.

Como era lógico, se acercaron a ver la iglesia de San Isidoro y cuando estaban cerca de ella vieron cómo soldados, arremolinados a la puerta, empezaban a moverse y se disponían a formar camino para la salida de los reyes, Fernando II y su esposa, Urraca. Delante de la puerta había dispuestos dos sitiales, que fueron ocupados por la pareja real nada más salir de la iglesia.

Arnau miraba, impresionado, el porte solemne de los reyes. Los dos eran blancos de tez y rubios, pero quien verdaderamente fijó la atención del muchacho fue la reina. Era de no mucha estatura, de cuello largo y ojos azules, los cabellos estaban recogidos por una corona de oro que resplandecía. Se cubría con un manto bordeado de armiño, en el que el viento parecía acariciar las borlas negras, procedentes de las colas del animal que los peleteros habían dispuesto armónicamente. Por debajo de la capa se veía un pie calzado con chapín de *cordobán** dorado, que no disimulaba su pequeñez a pesar de la enorme suela de corcho.

El rey hablaba casi sin gesticular, solemne, estaba coronado, y todo el sol de la mañana parecía juntarse en su cabeza.

—Ves, Arnau —explicó don Guerín—, el rey se corona con rubíes, que significan temor de Dios; con esmeraldas, que significan que quiere decir cosa esmerada, y con zafiros, signos de benignidad. Viste, además, paños chapados en oro, y, como la reina, lleva armiño en el manto, signo de pureza.

Al poco tiempo aparecieron unos guerreros moros, vestidos con gran esplendor, que, como vasallos del rey, iban a llevarle regalos. Unos esclavos negros arrastraban pesados cofres, y después de que sus señores se arrodillaran delante de los reyes acercaron los presentes a los tronos.

Arnau no podía escuchar lo que se hablaba. Los moros, sin levantar la cabeza, decían algo a un personaje de la Corte, conocedor de su lengua, que lo trasladaba a los reyes. El rey contestaba de la misma manera.

Puestos de pie los moros, abrieron los cofres y en ellos aparecieron telas orientales, trabajos de orfebrería, pieles... En fin, todo lo que podía pensarse de hermoso y reluciente.

Hecha la entrega de los regalos, cuando se marcharon los moros, los reyes emprendieron su camino por la ciudad.

Arnau quedó tan impresionado por lo visto que casi no tuvo interés en ver las pinturas del panteón real de San Isidoro. Conforme su tío le iba comentando lo que veían, fue volviendo en sí y comenzó a disfrutar de las historias allí pintadas. Le gustó mucho un perro que bebía en una copa y le parecieron muy reales las representaciones de las épocas del año: la siega, la vendimia, la matanza del cerdo...

3

LAS jornadas siguientes por el páramo leonés fueron monótonas y todas semejantes. Nada cambió hasta llegar a Astorga. La entrada, por la Puerta Sol, les reveló la importancia que tenían en esta ciudad los peregrinos, que eran atendidos con gran dedicación.

La noche fresca hizo que los viajeros, después de cenar, se juntaran alrededor del fuego de la posada.

Se unió a la charla general un hombre joven que hacía el Camino en vez de su señor que, impedido en el lecho, así se lo había mandado. Les contó las dificultades que había tenido y cómo había sido asaltado y robado pasado León.

—No me dejaron nada, y ya temía por mi vida cuando unos caballeros del Temple, que iban a Ponferrada, me prestaron ayuda y me restituyeron todo aquello que me habían robado... Uno de los ladrones huyó y el otro quedó muerto en el camino y allí lo enterramos; era un muchacho muy joven, casi un niño...

Arnau, escuchando la historia del robo, ni rechistó. Don Guerín, que estaba enfrente de él, sonreía al ver todas las emociones que pasaban por la cara del muchacho. La conversación siguió y se habló de la carestía de muchas ciudades del Camino, de aquellos lugares donde los peregrinos recibían mejor trato, de los caminos viejos que, a veces, aparecían al lado de la ruta...

Cuando se fueron a acostar, Arnau creyó que no iba a dormir como los otros días, pero cayó pronto en un sueño profundísimo del que le costó despertarse a la mañana siguiente.

En el camino encontraron varios peregrinos como ellos, que respondían, cordiales, a su saludo. La frescura del día se acrecentó al llegar a Foncebadón, delante de la Cruz de Ferro, clavada en un alto mástil. Cada uno de los peregrinos dejó una piedra encima del montón de ellas que sustentaba la cruz, hicieron como habían hecho antes que ellos miles de caminantes y como lo seguirían haciendo muchos más. Casi no pudieron contemplar el paisaje magnífico, pues un fuerte viento les impedía permanecer en aquellas alturas.

Arnau le preguntó a su tío quién pondría las estacas que, de trecho en trecho, aparecían señalando el camino de Foncebadón a El Acebo; el abad le contó que los vecinos de este pueblo no tenían que pagar tributos por realizar este trabajo, que era, sobre todo en época de nieves, fundamental para guiar a los peregrinos.

Llegaron a Ponferrada pasando el río Baeza en una barca que unía las dos riberas, y, entrando en la ciudad, admiraron la imponente mole del castillo de los templarios. Pasada la noche, toda la región berciana despertó con sus mejores colores,

y todos admiraron la belleza y feracidad de aquellas tierras, algunas de las cuales pertenecían a la *Mitra Compostelana**. No pararon hasta Villafranca del Bierzo.

La primera visita fue para la iglesia de Santiago. En la puerta del Perdón, don Guerín contó cómo los peregrinos que, por motivos de salud, no podían llegar a Santiago ganaban las mismas gracias atravesando su umbral. Después de entrar en la iglesia y rezar, agradeciendo a Santiago el haber llegado hasta aquí, buscaron posada para comer.

Doña Berta alabó la calidad de las carnes y hortalizas; don Guerín, la del vino, y Arnau, muerto de sed por la caminata, bebió más de lo que convenía. El resultado fue una larga siesta en la que soñó con caballeros templarios y salteadores de caminos. Cuando despertó le dolía mucho la cabeza.

Conforme se iban acercando a Galicia, don Guerín contaba historias de Santiago y sus milagros. Así, mientras subían trabajosamente a la cumbre de O Cebreiro, el abad hablaba de cómo llegó Santiago a Galicia. Explicó cómo su cuerpo quedó depositado en una piedra que, al soportar su peso, se fundió como la cera; contó minuciosamente el traslado del Santo hasta el lugar que sería Compostela:

—Y una reina pagana, llamada Lupa, no quería que el Santo pasara por sus tierras y dijo a los discípulos de Santiago que les ofrecía, para el traslado del cuerpo, unos bueyes que tenía en un monte. Cuando llegaron a donde ella les había dicho que estaban los animales encontraron dos toros salvajes que, nada más acercarse los discípulos y hacer la señal de la cruz, se volvieron mansos. Y una vez uncidos a un carro llevaron el cuerpo del apóstol al lugar donde ahora lo veneramos...

Cuando llegaron a O Cebreiro ya había empezado a caer la noche y los peregrinos pernoctaron en el hospital que estaba regido por monjes de la abadía francesa de Saint Gerard d'Aurillac.

Era noche cerrada, y Arnau despertó creyendo escuchar el aullido de un lobo, contestado por otro más lejano. Se revolvió en su jergón, y, tapando la cabeza con la manta, se sintió extraordinariamente cómodo y caliente. Los lobos dejaron pronto de aullar.

El Alto do Poio dejó a los peregrinos sin respiración. A la derecha no pudieron menos que admirar el río Navia discurriendo entre todos los matices del verde.

Bajaron a Triacastela por un camino hondo y sombrío, en los bordes había helechos y brezos. El pueblo era próspero y había sido favorecido por diferentes reyes. Los peregrinos cogieron piedra caliza para llevarla a Castaneda, donde se convertía en cal, para terminar la construcción de la catedral de Santiago.

Don Guerín dejó bien claro que el acarreamiento sería simbólico y que si cada peregrino llevase solamente una piedra pronto estaría acabada la casa del apóstol.

El camino siguió y, dejando a un lado el monasterio de Samos, comenzaron la subida hasta A Balsa, donde por todas partes había robles y abedules. Los viajeros disfrutaban del paisaje con cierta prevención, pues no olvidaban el suceso de montes de Oca. Felizmente no ocurrió nada preocupante.

Llegando a Sarria, Arnau se fijó en las lajas de pizarra que separaban las tierras, y estaba a punto de preguntar por ellas cuando se les acercó un jinete que, después de saludarles, se dirigió a ellos con hablar calmoso:

Buenas tardes, como veo que os dirigís a Santiago quisiera recomendaros una de las mejores posadas...

Aún no había acabado de hablar, cuando don Guerín le contestó que no necesitaban, por tener ya lugar en el que vivir.

El hombre intentó responder, pero lo debió pensar mejor y se despidió, adelantándolos en dirección a Sarria.

—Estos *aposentadores** de Santiago aparecen por aquí para llevar a los peregrinos, muchas veces, a lugares impropios en los que puede pasar cualquier cosa —dijo don Guerín.

Añadió doña Berta:

—Un hombre semejante al que encontramos en Burgos. Santiago debería cuidar más a sus peregrinos.

Todos rieron.

Nada más llegar a Sarria encontraron posada, y después de la cena don Guerín contó milagros del apóstol en los que liberaba cautivos, resucitaba muertos, curaba tullidos... Unas historias arrastraban a las otras y todos escuchaban atentos.

Al día siguiente salieron muy temprano, y no descansaron hasta llegar al monasterio de Loio, de la Orden de Santiago. Allí rezaron y fueron después acogidos por los caballeros que los trataron con gran hospitalidad.

Llegaron a Ponte Miña y don Guerín llamó la atención sobre el antiguo puente

que unía los dos barrios del pueblo, situados a cada orilla del Miño. En la iglesia de San Xoán, Jaufré, el trovador, señaló alegre a su patrono, el rey David, que estaba tocando un arpa de piedra.

En Santiago de Ligonde los viajeros vieron un cementerio de peregrinos. El abad y los demás rezaron por las almas de aquellos que habían muerto en el camino, sin poder llegar al sepulcro del apóstol.

Vilar de Donas pasó pronto, y cuando estaban a punto de llegar al Rosario, doña Berta, fatigada, pidió que descansaran un rato. Así lo hicieron, y mientras los demás rodeaban a la dama Bernat caminó hacia unos árboles próximos.

Pasado un cierto tiempo, Bernat padre preguntó por su hijo y sólo Arnau pudo decirle la dirección que había llevado. Marcharon los dos en su búsqueda y pasados unos robles encontraron a Bernat abrazado por una mujer con los cabellos sueltos. Arnau se fijó en que llevaba los ojos pintados de negro.

El padre levantó la espada y la mujer, que vio su actitud, echó a correr no sin cogerle antes la bolsa al hijo.

El viejo Bernat gritó:

—Hija del diablo, he de cortarte la nariz.

Y miró fijamente al hijo, que bajó la cabeza y comenzó a andar delante de su padre.

Nadie comentó nada, pero Arnau, cuando ya se iban acercando a Palas do Rei, escuchó una conversación entre Bernat el Viejo y don Guerín. Hablaban en voz baja y comentaban la presencia de mujeres desvergonzadas que robaban a los peregrinos.

La puerta del mesón en Palas tenía una venera esculpida en el dintel. Los viajeros fueron muy bien recibidos por el mesonero, pero nada más cenar se fueron a acostar, sin ganas de charla.

Al día siguiente don Guerín escuchó en confesión a Bernat hijo y parece que, después de esto, volvía al clima optimista y relajado que había tenido hasta el momento el viaje.

Iniciado el camino, que el tiempo soleado hacía deseable, Jaufré cantó sus canciones. Al llegar a Santa María de Leboreiro, los peregrinos pararon a beber en una fuente. Sentados, mientras escuchaban a don Guerín, no se dieron cuenta de que se les había acercado una pareja de campesinos. El hombre les dijo:

—No pude por menos de escucharos y al oír mi lengua me atrevo a hablar con vosotros... Yo soy del Poitou...

Y contó cómo vino de peregrino a Santiago, casando aquí con una gallega, que le acompañaba. Ahora la mujer se encontraba mal e iban al Pico Sagro en busca de remedio. Explicó cómo había que ir a la montaña y decirle:

«¡Pico Sagro, Pico Sagro!	*(¡Pico Sacro, Pico Sacro!*
Sáname do mal que eu trago»	*Sáname del mal que yo traigo)*

Don Guerín dijo si no sería más útil hacer el viaje a Santiago y pedírselo al apóstol.

El hombre afirmó pensativo, pero señaló a la mujer y respondió:

—Ella lo quiere así, así es la costumbre.

Marcharon, deseándose mutuamente suerte y salud.

Comieron en Melide, y al llegar a Castaneda dejaron las piedras de cal. Los hornos estaban funcionando continuamente, consumiendo los montones de caliza llevados por los peregrinos.

Pasaron la noche en Arzúa. Y al día siguiente hicieron parada en Ferreiros para herrar la mula del trovador, que estaba coja desde Melide. La excitación del grupo era palpable y fue en aumento en el camino hacia Labacolla. Una vez llegados, los hombres hicieron guardia mientras doña Berta y María aseaban su cuerpo para la llegada a Compostela. Después fueron los hombres, por turnos, los que se lavaron.

Acabado el aseo, continuaron el camino. Arnau los adelantó, y, corriendo todo lo que podía su mula, llegó el primero a la cima del Monxoi, monte desde donde se divisa Compostela. La ciudad estaba rodeada de murallas, cubiertas de hiedras y coronadas de hierbas color violeta. Al fondo se veía la catedral.

Detrás de Arnau llegaron todos. Doña Berta, María, don Guerín y el viejo Bernat lloraban. Todos rezaron en silencio.

—Bien, ahora yo soy el rey de la peregrinación —dijo Arnau—, pues llegué el primero a ver Compostela.

María recogió flores silvestres e hizo con ellas un ramo que le dio al muchacho.

Siguieron hasta Compostela a pie, sintiéndose más ligeros y ágiles. Doña Berta no se quejó ni una vez.

Enfilaron por la rúa dos Concheiros. Pasaron la iglesia de San Pedro y después llegaron a la Porta do Camiño. El tránsito de peregrinos era notable, mezclándose las diversas lenguas y hablando todos en tono alto.

Don Guerín llevó a los viajeros a una posada en la que quedaron caballerías y equipajes. En poco tiempo estaban ya dispuestos a seguir el camino. Pasaron por la Fonte do Campo, por la rúa dos Acibecheiros, y

frente a la Porta Norte de la Catedral apareció majestuosa la Fonte do Paraíso.

Era enorme, podrían bañarse en ella quince hombres juntos y era de bronce, estando construida de una manera tal que no podía saberse de dónde venía el agua y a dónde iba. Los viajeros quedaron muy impresionados, y fue don Guerín quien les dijo que el constructor de la fuente había sido el obispo Xelmírez, gran hombre y fundamental patrocinador del culto a Santiago.

El abad hablaba a gritos, pues era tan ruidoso el ir y venir de los vendedores de zapatos, bolsos, conchas, azabaches... que sólo así podía hacerse escuchar.

Cuando se acercaron a la Porta do Paraíso, don Guerín comentaba el enorme tamaño del templo, del que no sabía las *alzadas** reales.

La entrada en la catedral supuso un aumento de la profunda emoción que sentían. Arrodillados delante del altar, debajo del que se guardan los restos del apóstol, los ojos volvieron a humedecerse.

Don Guerín apretaba la mano de Arnau. Sentía que, con el viaje, había cumplido su obligación: el muchacho había dado los pasos necesarios para llegar a ser un verdadero caballero cristiano. El orgullo se sumaba a la emoción religiosa.

Arnau tenía un nudo en la garganta, y, sin saber muy bien el porqué, sentía que estaba viviendo unos momentos importantes en su vida.

De los demás viajeros se puede decir que cada uno sentía a su manera: doña Berta estaba absorta, María sonreía, Jaufré acariciaba su mandora, y los dos Bernat rezaban en voz baja.

Los peregrinos fueron por turnos, por no perder la situación cercana al sepulcro, a confesarse con los «linguaxeiros», capaces de hacerlo en las lenguas de toda la Cristianidad.

Arnau anduvo por la catedral observando. Se impresionó mucho con la riqueza del altar mayor, donde oro, plata y pinturas se mezclaban armónicamente, pero la mayor sorpresa vino dada por el descubrimiento de unas obras que se estaban realizando al final de la nave principal. Canteros y escultores estaban trabajando en un pórtico nuevo y parecía que pronto le darían término.

Entre las esculturas reconoció a Santiago, con su bordón de peregrino, y no supo quién podría ser la figura de un hombre rubio, sonriente. Al que dirigía el trabajo de los canteros le llamaban maestre Mateo, y él, ágil y capaz, atendía a todos, mientras subía y bajaba de los andamios.

Caía la noche y empezó la vigilia, se encendieron las velas y comenzaron los cantos en las diversas lenguas. De vez en cuando se fundían todas las voces en una sola:

«E ultreia. | (*Y adelante.*
E suseia. | *Y arriba.*
Deus adiuva nos!» | *¡Dios ayúdanos!*)

«E ultreia.
E suseia.
Deus adiuva nos!»

(*Y adelante.*
Y arriba.
¡Dios ayúdanos!)

La noche fue pasando, y Arnau vio muchas cosas dignas de contar: riñas por estar más cerca del sepulcro, enfermos graves que insistían en seguir en el templo... Después nada supo, porque, arrodillado como estaba, se quedó dormido apoyado en una columna.

Cuando llegó la misa del alba, don Guerín lo despertó. Comulgaron, hicieron la ofrenda en el altar del santo y después recibieron el certificado que confirmaba haber cumplido su viaje.

Al salir de la catedral, Arnau pensó que llevaba muchísimos días sin acordarse de Amagoya, y cuando compraba con sus compañeros conchas y azabaches escogió una figura del santo, pequeña, bien hecha. Se la llevaría a Amagoya cuando volviera por Roncesvalles.

Los días pasaron rápido. Los peregrinos visitaron con calma e interés todo lo que tenía que ver la ciudad. Cuando llegó el día de la partida, vueltas las caras nostálgicas hacia Compostela, don Guerín preguntó:

—¿Qué, Arnau, qué dirías del viaje?

El muchacho contestó rápido:

—Pues que nunca creí que, en menos de un año, se pudieran aprender tantas cosas.

Y emprendieron felices el camino de regreso.

Vocabulario

Almorávide: *Grupo del Atlas marroquí muy guerrero, que llegó a dominar toda la España musulmana.*

Alzada: *Medida que equivalía a un hombre de pie: 1,70 m.*

Aposentadores: *Hombres que ofrecían posada a los que venían por el camino de Santiago.*

Arpa: *Instrumento musical de cuerdas verticales que se pulsan con las dos manos.*

Bastidor: *Armazón de madera en el que se fija el lienzo para bordar.*

Brial: *Vestido medieval de lana que usaban hombres y mujeres.*

Caballero: *Hombre dedicado al oficio de las armas que formaba parte de una clase privilegiada en la Edad Media.*

Cítaras: *Instrumentos de cuerda, parecidos a las liras, pero de brazos más rectos.*

Códice Calixtino: *Obra atribuida al papa Calixto II, que trata de la vida y milagros de Santiago.*

Cordobán: *Piel curtida en la que estaban especializados los árabes.*

Cruzadas: *Expediciones militares que los cristianos medievales llevaron a cabo para reconquistar los Santos Lugares, en poder de los moros.*

Escudero: *Hombre que servía a una señora y la acompañaba cuando salía.*

Físico: *Médico especializado en cirugía.*

Gremios: *Asociaciones de personas que tienen el mismo oficio o profesión.*

Haya: *Árbol de grandes dimensiones, muy característico de la zona pirenaica.*

Hayedo: *Conjunto de hayas.*

Jubileo: *Perdón de todos los pecados. Se concede a los peregrinos que visitan el templo compostelano en los Años Santos, es decir, cuando el 25 de julio coincide en domingo.*

Loriga: *Armadura para la defensa del cuerpo, hecha con láminas de metal.*

Lucernas: *Aberturas de una habitación para dar ventilación y luz.*

Mandora: *Instrumento musical de la familia del laúd, de cuatro o más cuerdas dobles que se pulsan con ayuda de una púa.*

Mitra compostelana: *Diócesis de Santiago.*

Monasterios cluniacienses: *Establecimientos religiosos vinculados a la casa central francesa de Cluny que siguen para su organización la regla de San Benito. Por sus hábitos se les conoce como monjes negros.*

Occitano: *Lengua de oc, hablada en ciertas zonas del sur de Francia.*

Olifante: *Trompa o cuerno de caza usado en la Edad Media.*

Pares: *Guerreros de la misma dignidad, acompañantes de Carlomagno y miembros de su guardia de honor.*

Poitou: *Antigua provincia de Francia.*

Portazgo: *Impuesto que hay que pagar al atravesar los distintos reinos.*

Roldán: *Par de Carlomagno y personaje central de la leyenda que se creó en torno a este rey.*

Salterio: *Instrumento musical que se toca frotando las cuerdas.*

Sangría: *Práctica médica que consiste en sacarle sangre al enfermo.*

Toca: *Prenda de lienzo blanco que ciñe la cara de la mujer.*

Vieira: *Llamada también venera, es un molusco gasterópodo de dos valvas. La superior es la que el peregrino cose en el ala del sombrero o en la esclavina.*

Voto a Santiago: *Tributo anual al apóstol que pagan los cristianos para agradecer al santo la victoria sobre los musulmanes en Clavijo.*

CUENTOS HISTÓRICOS

Títulos publicados